BEI GRIN MACHT SICH IHR WISSEN BEZAHLT

- Wir veröffentlichen Ihre Hausarbeit, Bachelor- und Masterarbeit

- Ihr eigenes eBook und Buch - weltweit in allen wichtigen Shops

- Verdienen Sie an jedem Verkauf

Jetzt bei www.GRIN.com hochladen und kostenlos publizieren

Bibliografische Information der Deutschen Nationalbibliothek:

Die Deutsche Bibliothek verzeichnet diese Publikation in der Deutschen National-bibliografie; detaillierte bibliografische Daten sind im Internet über http://dnb.d-nb.de/ abrufbar.

Impressum:

Copyright © 2013 GRIN Verlag, Open Publishing GmbH
Druck und Bindung: Books on Demand GmbH, Norderstedt Germany
ISBN: 978-3-668-03081-7

Dieses Buch bei GRIN:

http://www.grin.com/de/e-book/304716/moenchspapst-gregor-der-grosse-leben-und-pastoralregel

Max Jung

Mönchspapst Gregor der Große. Leben und Pastoralregel

GRIN Verlag

GRIN - Your knowledge has value

Der GRIN Verlag publiziert seit 1998 wissenschaftliche Arbeiten von Studenten, Hochschullehrern und anderen Akademikern als eBook und gedrucktes Buch. Die Verlagswebsite www.grin.com ist die ideale Plattform zur Veröffentlichung von Hausarbeiten, Abschlussarbeiten, wissenschaftlichen Aufsätzen, Dissertationen und Fachbüchern.

Besuchen Sie uns im Internet:

http://www.grin.com/

http://www.facebook.com/grincom

http://www.twitter.com/grin_com

Mönchspapst Gregor der Große

Maximilian Jung

Hausarbeit historische Theologie

Inhaltsverzeichnis

1. Einleitung

Vor der Zeit Gregors des Großen war Europa, wie wir es heute kennen, in den Grundfesten erschüttert. (...) ein ethnischer, kultureller und religiöser Flickenteppich, der sich additiv aneinanderreihte, aber keinen den Gesamtraum übergreifenden Zusammenhalt besaß (...)[1]. Ausgehend vom Einfall der Hunnen in das römische Reich beginnt die Zeit der 'Völkerwanderung' und somit eine über mehrere Jahrhunderte andauernde Zeit der Eroberungen des römischen Imperialgebietes. Doch schon vor dem Hunneneinfall, welcher auf 375/376 datiert wird, siedelt sich ein germanisches Volk neben dem römischen Reich an; Die Goten. Europa was also den Einflüssen „fremder Kulturen und deren Religionen"[2] ausgesetzt.

Zielsetzung dieser Arbeit soll es sein, die Frage zu beantworten, warum Gregor der Große ein so bedeutsamer Mensch und schließlich als einer der wichtigsten Päpste in der Geschichte der katholischen Kirche angesehen wird? Diese Fragestellung wird sich im Verlauf der Hausarbeit fast von selbst beantworten wenn der historische Kontext als Grundlage für Gregors Handeln gesehen wird. Abschließend gilt es noch zu klären, warum sich Gregor I. als „Servus servorum Dei"[3] bezeichnete und warum sich dieser Begriff bis heute als Bezeichnung des Kirchenoberhauptes halten kann?

Historie, Biographie und das Wirken Gregors des Großen spielen somit die Hauptrolle in meiner Arbeit.

2. historischer Kontext

2.1 Einfall der Hunnen und daraus resultierende Völkerwanderung

Als Einstieg und Hintergrundinformation soll eine kurze 'Zeitreise' in die Spätantike sowie ins frühe Mittelalter dienen, an welcher ich die politische und kulturelle Situation kurz vor, während und nach Gregor dem Großen aufzeigen möchte.

Vor Gregors Zeit war Europa dem Einfall fremder Völker ausgesetzt. Ein Einfluss fremder Kulturen, Riten und damit verbundenen religiösen Ansichten war dadurch nicht zu vermeiden. Die Blütezeit der Völkerwanderung beginnt mit dem „Einfall der Hunnen um 376"[4]. Ein genauer Grund für die Wanderung der

---

[1] Von Padberg, Lutz E.: Die Christianisierung Europas im Mittelalter. Reclam, Stuttgart 2009 S. 9
[2] Ebd. , S.78
[3] Goez, Elke: Papsttum und Kaisertum im Mittelalter; Wissenschaftliche Buchgesellschaft, Darmstadt 2009 S. 14 →Bezug: 2 Petr 1,1 und Röm 1,1
[4] Kampers, Gerd: Geschichte der Westgoten; Schöningh, Paderborn 2008 S.41

Hunnen ist nicht genau geklärt, jedoch wiederholt sich in mehreren antiken Quellen die Grausamkeit dieses Volkes während seiner Raubzüge. Als gutes Beispiel dient hier eine Quelle des römischen Schreibers *Ammianus Marcellinus*:

- „*Das Hunnenvolk, in alten Berichten nur wenig genannt, wohnt jenseits der Mäotischen Sümpfe zum Eismeer zu und ist über alle Maßen wild. (...) Diese kampftüchtige, unbändige Menschenrasse brennt vor entsetzlicher Gier nach Raub fremden Gutes; plündernd und mordend überfiel sie damals ihre Grenznachbarn und drang bis zu den Alanen, den einstigen Massageten, vor.*" –
- - Ammanius Marcellinus, Res Gestae, 31,2 1;31, 2, 12

Aufgrund der in Quellen beschriebener Brutalität und Reuelosigkeit der Hunnen, flohen zahlreiche germanische Stämme gen Westen. Vor allem die Terwinger, ein westgotisches Volk, ergriffen „die Flucht vor fremden Angreifern"[5] und flohen über ihre Landesgrenzen, hinein in das römische Reich. Rom war zwar auf gotische Flüchtlinge vorbereitet, rechnete aber nicht mit einer solchen *Flut* an Menschen. Auf Grund dessen musste es folgerichtig zu Versorgungsengpässen der Flüchtlinge kommen. Dies führte dazu, dass sich die geflohenen Goten im Jahr 376 erhoben und gegen Rom in den Krieg zogen. Die seit 376 bis 382 andauernde Phase wird auch der erste Gotenkrieg genannt.

Die römischen Führungsspitzen zeigten sich nicht sehr beeindruckt, schließlich gab es schon

mehrere Jahrhunderte zuvor Zusammenstöße zwischen Römern und Germanen. Doch erst gegen Ende des 4. (...) Jahrhunderts waren germanische Stämme so stark geworden, dass ihr Angriff den Lebensnerv des römischen Reiches traf.[6]

Somit kam es dann 378 zur *Schlacht von Adrianopel*, in welcher die Goten gegen ein 30000 Mann starkes kaiserliches römische Herr als Sieger hervorgingen. „Dies war sicher keine Entscheidungsschlacht. Trotzdem leitete dieser Tag einen Wandel der römischen Politik ein"[7].

2.2 politische Situation Roms

In Folge dessen, kam es dann 382 zum Gotenvertrag welcher es den terwingischen Goten erlaubte sich auf Reichsboden unterhalb der Donau anzusiedeln. Dies war nicht die letzte Auseinandersetzung zwischen Römern und Goten.

---

[5] Ostrowski, Mstti: Die Völkerwanderung – Überblick und Folgen – (Studienarbeit); Grin Verlag 2009 S.6
[6] Rosen, Klaus: Die Völkerwanderung: C.H. Beck Verlag, München 2006 S. 21
[7] Herwig, Wolfram: Die Goten – Von den Anfängen bis zur Mitte des sechsten Jahrhunderts, C.H. Beck Verlag, München, 2001 S. 137

„Gregor wurde in der Zeit der Gotenkriege geboren (...)"[8], in welcher der oströmische Kaiser Justinian I. Erfolge in der Rückeroberung des von Goten besetzten Italiens verbuchen konnte.

Gregor, um das Jahr 540 in Rom geboren, entstammte aus einer vornehmen römischen Senatorenfamilie, aus der bereits zwei Päpste, Felix III. (483-492) und Agapet I. (535-536), hervorgegangen waren.[9]

Er wuchs also in einem von Kriegen und Machtkämpfen erschüttertem Rom auf und lernte schnell den Umgang mit Christen sowie mit Heiden.

„568 fielen die ursprünglich in Pannonien sesshaften heidnisch-arianischen Langobarden in Italien ein."[10] „Diese eroberten in erschreckender Geschwindigkeit weite Teile der heutige Regionen Emilia und Toskana (...)"[11], schafften es jedoch nicht Rom einzunehmen. Doch Rom war zu Gregors Jugendjahren nicht nur von politischen Unruhen heimgesucht worden. Im Jahr 590 ist Rom von der Beulenpest befallen worden. „Während dieser Seuchennot erkannten die christlichen Geistlichen, dass trotz der zahlreichen Verbote die alten Gottheiten noch tief im Volksglauben wurzelten"[12]. Auf Grund der hohen Zahl der Toten waren viele Römer von Gott empört und begannen an ihrem Glauben zu zweifeln.

3. Die Person: Gregor der Große

3.1 Kurzbiographie zu Gregor

Gregor der Große, geboren um das Jahr 540, stammt aus reichem, senatorischem, römischem Adelshaus. Da aus seinem Geschlecht schon 2 Päpste hervorgegangen waren und sein Vater ein Beamter des römischen Staates war lernte Gregor schnell wie wichtig es ist die Balance zwischen Staat und Kirche zu halten. Eine gute Ausbildung war ihm also schon in die Wiege gelegt worden. Besonders ausgeprägt waren seine Lehrstunden in Rhetorik und Rechtswissenschaft.

Schon im Jugendalter erlernte Gregor die Verwaltung des familieneigenen Grundbesitzes. Seine Fähigkeiten sowie die familiäre Tradition ermöglichten es Gregor im Staatsdienst tätig zu werden. Doch nicht nur Staatsaufgaben waren ihm vertraut, auch kirchliche Gepflogenheiten wurden ihm von Kindesbeinen an

---

[8] Müller, Barbara: Führung im Denken und Handeln Gregors des Großen, Mohr Siebeck, Tübingen, 2009 S. 11

[9] „Gregor der Große, Homiliae in evangelia, Evangelienhomilien" Erster Teilband, Herder 1997

[10] Ebd.

[11] Goez, Elke: Papsttum und Kaisertum im Mittelalter; Wissenschaftliche Buchgesellschaft, Darmstadt 2009 S.12

[12] Artemis & Winkler: Geißeln der Menschheit. Kulturgeschichte der Seuchen, Düsseldorf/Zürich 1997, S. 439

beigebracht. So war Gregor überaus bibelvertraut und setzte sich schon als junger Mann mit den Grundsätzen des christlichen Glaubens auseinander. Sein Vater – Gordianus – hatte als „regionarius" der römichen Kirche das höchste Staatsamt bekleidet, welches einem Laien in Rom offen stand. Seine Aufgabe war es, amtliche Bezirke und Stadtregionen unter kirchlicher Obhut zu verwalten.

> Nicht viel ist von Gregors Mutter Silvia bekannt. Nach dem Tod ihres Ehemannes ergriff sie, wie es für damalige ältere aristokratische Damen nicht üblich war, das religiöse Leben im Kloster Cella Nova, in der Nähe der St. Paulus Basilika.[13]

Die elterliche Villa stand am Fuße des Caelius, am „clivus scauri", einer der bekannten sieben Hügel Roms. Diese wandelte Gregor in seiner späteren Zeit als Mönch in ein Benediktinerkloster um.

3.2 Gregors Zeit im Staatsdienst

Nach seinem Studium in Rechtswissenschaften ging auch Gregor offiziell in den Staatsdienst. „572/573 war Gregor *praefectus urbi*, höchster Beamter der Zivilverwaltung Roms"[14], welchem die Verwaltung von Staatssicherheit, Gerichtbarkeit, Steuerverwaltung, Verwaltung der Wasserleitungen (Aquädukte) sowie die Stadtbefestigung und deren Verteidigung unterliegt.

> Der Stadtpräfekt präsidiert zudem den Senat, arbeitet mit dem Papst zusammen – beispielsweise bei der öffentlichen Kornverteilung -, und war dem Exarchen, letztlich dem Kaiser; Rechenschaft schuldig.[15]

Wie bereits erwähnt bekommt Gregor auch beruflich den Spagat zwischen Staat und Kirche gestanden. Jedoch verliert das Amt des Präfekten immer mehr an Bedeutung und da ein jenes Amt stark mit dem Senat verbunden war musste Gregor in die Zukunft schauen und sich auf ein neues Amt besinnen. „Der Senat löste sich (...) allmählich auf. Seine letzten Aktivitäten datieren aus den Jahren 578 und 580."[16]

Nun stellt sich die Frage warum ein der junge Gregor einen Beruf ergriffen hat, welcher unweigerlich in eine Sackgasse zu führen droht?

Da Gregor schon als Jugendlicher die Verwaltung des Elterlichen Grundbesitzes gelernt hat, ist darauf zu schließen, dass er eine leitende Position in Verwaltungsdienst angestrebt hat. Weiterhin wäre anzumerken, dass er von seinem Pflichtethos heraus motiviert für die Stadt Rom arbeiten wollte.

---

[13] Müller, Barbara: Führung im Denken und Handeln Gregors des Großen, Mohr Siebeck, Tübingen, 2009 S. 21
[14] Gregor der Große, Homiliae in evangelia, Evangelienhomilien" Erster Teilband, Herder 1997
[15] Müller, Barbara: Führung im Denken und Handeln Gregors des Großen, Mohr Siebeck, Tübingen, 2009 S. 23
[16] Ebd. , S. 24

„Dass Gregors Familie weder nach Konstatinopel, noch dauerhaft nach Sizilien emigriert ist, weist auf eine tiefe Verbundenheit mit der Stadt Rom hin"[17]. Diese Fakten weisen schlussendlich darauf hin, dass Gregor schon in jungen Jahren am Wohlergehen seiner Nächsten interessiert war und sich für seine Mitbürger aktiv einsetzen wollte.

3.3 Gregor als Mönch und Diakon

Aufgrund der Senatsauflösung „quittiert Gregor (574) seinen Dienst als Stadt- präfekt und wurde Mönch."[18] Daraufhin verwandelt er das Haus seiner Eltern in ein Kloster, um dort ein monastisches Leben zu führen und sich der „lectio divi- na"[19], der Exegese und der intensiven Auseinandersetzung mit der heiligen Schrift zu widmen. Doch er gründete nicht nur das Andreas Kloster, welchem er auch beitrat, sondern eröffnet noch sechs weitere Klöster im sizilianischen Raum. Seine plötzliche Änderung des Lebensstils Begründet Gregor wie folgt:

> (...) sehr lange habe ich die Gnade der Bekehrung herausgeschoben. (...) die eingewach-
> sene Gewohnheit hatte mich an sich gefesselt. Er kritisiert seine Verhaftetheit mit der Ge-
> wohnheit – „die eingewachsene Gewohnheit hatte mich an sich gefesselt.[20]

Dagens weist beispielsweise überzeugend auf die sprachlichen Parallelen zu Augustins Bekehrungsbericht in der confessiones hin. Dagens Formulierungen zuspitzend, könnten Augustins und Gregors conuersio folgender maßen vergli- chen werden: Was für Augustin die Befreiung vom Beherrschtsein durch sexu- elle Leidenschaft, in der Abkehr vom sexuellen aktiven hin zum asketischen Leben war, war für Gregor die Abgabe von Amt und gesellschaftlicher Macht, hin zum „sozialen Tode" dem Mönchsleben."[21]

In Verlauf seines Mönchseins begründet er seine Entscheidung nochmals an- ders, nämlich dass seine Entscheidung auf göttliche Gnade zurückzuführen sei. Wieder anders begründen Gregors Evangelien-Homilien, sie schildern seine „conversio"[22]wie folgt. Das Kriegswirren zu dieser Zeit, verbunden mit den Na- turkatastrophen, der Überschwemmung, von welcher die Pestwelle ausging, und die Pest selbst, ließ viele Menschen umkehren und in Klöstern sowie bei kirchlichen Orden Schutz suchen.

Gerade in dieser Zeit spürt man die Veränderung der alten Welt, den Epochen- übergang von Spätantike hin zum frühen Mittelalter. Für die Kirche war diese Zeit keine gute. Die Bevölkerung ließ ab vom Glauben an den einen Gott und

---

[17] Müller, Barbara: Führung im Denken und Handeln Gregors des Großen, Mohr Siebeck, Tübingen, 2009 S. 24
[18] Ebd. ,S. 25
[19] Gregor der Große, Homiliae in evangelia, Evangelienhomilien" Erster Teilband, Herder 1997
[20] Müller, Barbara: Führung im Denken und Handeln Gregors des Großen, Mohr Siebeck, Tübingen, 2009 S. 25
[21] Ebd.
[22] Gregor der Große, Homiliae in evangelia, Evangelienhomilien" Erster Teilband, Herder 1997

kehrte zurück zu den alten Gottbildern der Germanenstämme. Der eine Gott hat sie verlassen und schickt ihnen die Pest, den schwarzen Tod, so ließt man es in Überlieferungen.

„Die Kirche bedurfte der Rückbesinnung auf ihr Fundament, d.h. der An- und Rückbindung jeglichen Handelns an Christus und an das Wort Gottes."[23] Man brauchte also Missionare, welche das Wort Gottes verkünden und den Gläubigen neuen Mut zum Glauben geben und diese aus ihrem tiefsten Inneren von Gott und der Mutter Kirche überzeugen. Im späteren Teil der Arbeit werde ich auch noch auf die Wichtigkeit der Mission Gregors – besonders der in Angelsachsen – berichten. Gregors Dasein als Mönch blieb jedoch nicht von langer Dauer und wurde „(...)579 jäh unterbrochen, als Papst Pelagius II. Gregor in den Dienst der römischen Kirche rief und zum Diakon weihte."[24]

Doch Gregor blieb nicht einfach Diakon; Pelagius II. erhob ihn in den Dienst des Nuntius. Somit war Gregor päpstlicher Botschafter und konnte seiner alten Leidenschaft, der Administration und Verwaltung nachgehen, ohne dabei auf ein kirchliches Leben verzichten zu müssen. „Der Diakon Gregor wurde unverzüglich als päpstlicher Botschafter an den Kaiserhof nach Konstantinopel gesandt."[25] „Zwischen 554 und 607 wurden fünf ehemalige konstantinopolitaner Apokrisiare zum Papst geweiht."[26]

Diese Beförderung brachte Gregor einen großen Schritt weiter in Richtung „Mönchspapst". Doch diese neue Berufung belastete Gregor auch, ließ er nicht sein altes Leben im Verwaltungs- und Staatsdienst hinter sich um in klösterlicher Ruhe den Tugenden eines Mönches zu begegnen. Nun musste er wieder verwalten und das auf höchster Ebene, sogar als Vermittler zwischen Papst und Kaiser. Doch Gregor brachte die Erfahrung mit, welche er in seinem alten Beruf als Präfekt erstanden hatte. Dazu kommt eine hervorragende juristische und ökonomische Ausbildung, die ihn besonders für das Amt des Apokrisiarius qualifizierten. „Gregor wurde als Apokrisiarius (...) an den Kaiserhof zu Konstantinopel gesandt, um dort die Interessen Roms zu vertreten, insbesondere um militärischen Beistand gegen die Langobarden zu erwirken."[27]

3.4 Gregors Einstand in das Pontifikat

Als am 7./8. Februar 590 Papst Pelagius II. einer furchtbaren Pestepidemie, der Folge gewaltiger Tiberüberschwemmungen, zum Opfer fiel, wandte sich die aus Klerus, Adel und Volk bestehenden Wählerschaft einstimmig an den an Dienstjahren jüngsten römischen Di-

---

[23] Müller, Barbara: Führung im Denken und Handeln Gregors des Großen, Mohr Siebeck, Tübingen, 2009 S. 64

[24] Gregor der Große, Homilie in evangelia, Evangelienhomilien" Erster Teilband, Herder 1997

[25] Müller, Barbara: Führung im Denken und Handeln Gregors des Großen, Mohr Siebeck, Tübingen, 2009 S. 66

[26] Ebd. S 67

[27] Gregor der Große, Homiliae in evangelia, Evangelienhomilien" Erster Teilband, Herder 1997

akon - Gregor, schien dieser doch zu jener Stunde der einzige Mann zu sein, welcher der schwierigen Situation der einzige Mann zu sein, welcher der schwierigen Situation nicht nur der Stadt Rom, sondern auch des Landes Italien, ja der Kirche insgesamt gewachsen war.[28]

Seine vormalige Tätigkeit als Apokrisiar am Kaiserhof, seine Herkunft aus gehobenen römischen Kreisen, aber auch seine Erfahrung als Stadtpräfekt Roms qualifizierten ihn als denjenigen valablen Kirchenführer, dessen Rom in jener Zeit dringend bedurfte.[29]

Damals war es jedoch von Nöten, dass der regierende Kaiser der Wahl des Papstes zustimmen musste. Gregor jedoch wollte dieses Amt nicht antreten und sandte ein Bittschreiben an Kaiser Mauritius, welches jedoch, bevor es den Kaiser erreichte, abgefangen und somit nicht zugestellt wurde. Somit wurde Gregor I. von Mauritius in seinem neune Amt als Kirchenführer bestätigt, worauf er „am 3. September 590 die bischöfliche Weihe empfing."[30] Gregors Bedenken an der Übernahme der Führung der Kirche hatten gute Gründe. Eroberungskriege, Pestwellen und Abnahme des Vertrauens in die katholische Kirche machten Gregors neues Amt zu einer schier unmöglichen Aufgabe.

Ein altes und heftig geschütteltes Schiff habe ich, der ich persönlich unwürdig und schwach bin, übernommen, denn von allen Seiten dringt das Wasser herein, und die morschen Planken, vom täglichen Unwetter erschüttert, verkünden schon ächzend den Untergang.[31]

„Deshalb ließ Gregor am Anfang seiner Zeit als „Knecht der Knechte Gottes"[32], eine Bußprozession durchführen, welche die Bürger Roms dazu bringen sollte, den Weg zum rechten Glauben wieder zu finden. Er verglich die Pest mit Gottes Zorn, als Strafe für die Sünden des römischen Volkes, womit er fast alle christlichen Römer erreichte.

Gregors Einstand nach der Wahl war ein innovativer Akt. Vor ihm hatte zwar bereits Pelagius I. (...) eine Prozession durchgeführt (...) doch war sie (Gregors Prozession), mit ihrer situativen Motivation und ihrer Bußintention für Rom etwas Neues. Sie war (...) büßende Antwort auf das Elend (...)[33].

4. Papst Gregor I. als Missionar

4.1 Kontakt und Missionierung der Langobarden

Wie schon erwähnt war die Epoche rund um Gregor geprägt von Landübernahmen, Eroberungen und Raubzügen fremder Völker. „568 fielen die ursprünglich in Pannonien sesshaften heidnisch-arianischen Langobarden in Ita-

---

[28] Gregor der Große, Homiliae in evangelia, Evangelienhomilien" Erster Teilband, Herder 1997
[29] Müller, Barbara: Führung im Denken und Handeln Gregors des Großen, Mohr Siebeck, Tübingen, 2009 S. 112
[30] Gregor der Große, Homiliae in evangelia, Evangelienhomilien" Erster Teilband, Herder 1997
[31] Ebd.
[32] Goez, Elke: Papsttum und Kaisertum im Mittelalter; Wissenschaftliche Buchgesellschaft, Darmstadt 2009 S.14
[33] Müller, Barbara: Führung im Denken und Handeln Gregors des Großen, Mohr Siebeck, Tübingen, 2009 S. 117

lien ein."[34] Der Volksstamm der Langobarden hielt sich bis Weilen in Norditalien auf und besetze weite Landstriche des Reiches.

> Somit erkannte Gregor die Aufgabe, sich als Vermittler und Diplomat zu bewähren, denn vom Bosporus war keine Unterstützung gegen die andrängenden Langobarden zu erwarten. Schließlich gelang ihm 598 mit Hilfe der katholischen Königin Theudelinde ein Friedensschluss Agilulfs mit Byzanz, der es dem Papst gestattete, die Missionierung der arianischen Langobarden voranzutreiben. Zwar trat Agilulf nicht selbst über, aber ließ er seinen Sohn Adaloald katholisch taufen und förderte den irischen Missionar Colomban, dessen Koster Bibbio (gegründet 612) sich rasch zur katholischen Speerspitze im Herzen des Langobardenreiches entwickeln sollte. Die durch Gregor initiierte Annäherung Agilulfs an den Katholizismus ermöglichte auch eine politische Weichenstellung, die sonst kaum vorstellbar gewesen wäre: Die Verlobung seines Sohnes mit der Tochter des austrasischen Herrschers Theudebald II., die den Frieden mit den Franken garantieren sollte. Auch für den Papst stellte dies einen wichtigen Anknüpfungspunkt dar, waren doch die Kontakte zu den Franken praktisch abgerissen (...). Das gute Verhältnis zu den Langobarden ermöglichte es Gregor I., die Verwaltung im kirchlichen aber auch im weltlichen Bereich weiter auszubauen, um den ständig steigenden politischen und administrativen Anforderungen strukturell und personell gewachsen zu sein. Trotz seiner vielfältigen Aufgaben intensivierte er die Mission, indem er als erster Papst aus eigenem Antrieb Glaubensboten in bislang allzu entlegene Gebiete schickte (...).[35]

Durch Gregors missionarische Annäherung, brachte er nicht nur den christlichen Glauben näher, sondern stärkte sämtliche Reichsbeziehungen zwischen Rom und Franken und sicherte somit den Frieden zum Volk der Franken.

4.2 Angelsachsenmission unter Gregor I.

So entsandte Gregor seine Missionare auch ins Frankenland - besser gesagt nach Angelsachsen, wo er auf seelsorgerischer Basis die wohl wichtigsten missionsbedingten Erfolge feiern konnte.:

> Die Mission der Angelsachsen im Jahr 597 n. Chr. Unter Papst Gregor dem Großen gilt unter den Missionen des Christentums als „besonders bedeutsam" für die Zukunft und die Frühgeschichte des Christentums[36]

> Aufgrund der engen Beziehungen zwischen dem kentischen König Ethelbert und den fränkischen Königen und der , aus Gregor I. Sicht, wenig christlichen Umstände im Frankenland muss die im Sommer 596 begonnene Angelsachsenmission im Zusammenhang mit der von Gregor intendierten Reform der fränkischen Kirche gesehen werden. Eine ihrer Unterlassungen bestand seiner Ansicht nach darin, der Anfrage der Angelsachsen nach Bekehrung nicht nachgekommen zu sein.[37]

Diese Missionierung der Angelsächsischen Völker ist bis dahin die erfolgreichste Mission in der Geschichte der katholischen Kirche. Ein wesentlicher Faktor für den Erfolg der ‚Operation Angelsachsen' ist mit Sicherheit „das grundlegende Bewußtsein der Missionare, Werkzeuge in der Durchsetzung der göttlichen

---

[34] „Gregor der Große, Homiliae in evangelia, Evangelienhomilien" Erster Teilband, Herder 1997

[35] [35] Goez, Elke: Papsttum und Kaisertum im Mittelalter; Wissenschaftliche Buchgesellschaft, Darmstadt 2009 S.14 f

[36] Moeller, Bernd: Geschichte des Christentums in Grundzügen, Göttingen 2004 S. 132

[37] Müller, Barbara: Führung im Denken und Handeln Gregors des Großen, Mohr Siebeck, Tübingen, 2009 S. 331 f.

Heilsgeschichte zu sein(...)"[38]. Gregor feierte also nicht nur kirchlichen sondern auch weltlich-politischen Erfolg bei der Mission in Angelsachsen, indem er zum einen Gottesglauben ins Land der Haiden brachte und somit den bis zuweilen eher feindselig gestimmten Franken politisch bei der Verwaltung unter die Arme griff.

5. Gregors Schriftauslegung und die Pastoralregel

5.1 Intention und Auslegung Gregors Schriften

Ließt man beispielsweise die *Regula pastoralis*, das wohl bedeutendste Werk Gregors des Großen, so stellt man rasch fest, dass er ein Freund des „mehrfachen Schriftsinns" war. Gemeint ist hiermit die Abgrenzung verschiedener Textaussagen in drei Auslegungsformen.

> In diesen exegetischen Werken macht er Gebrauch von der Distinktionsmethode, wenn er die Bedeutungen, die eine Wort nach der Lehre vom mehrfachen Schriftsinn in der Bibel haben konnte, einander gegenüberstellte.[39]

Am Anfang wird der Grund festgelegt, welcher den historischen Sinn darstellt. Hierauf kann der Geist aufgebaut werden, um letztendlich glaubensstärkend zu wirken. Ziel dieser Methode ist es, den wahren Inhalt des Textes zu erkennen, parallel den Inhalt kritisch hinterfragt und trotzdem die Intention des Autors mit einbeziehen und dann erkennt, welche tiefere Bedeutung die Textaussage besitzt. Man soll Transzendenz erkennen.

„Die Abfolge ist nicht nur logisch, sondern dynamisch: Jeder Sinn erzeugt den nächsten. Die selbe Wirklichkeit erscheint unter einem je neuen Gesichtspunkt."[40]

In Gregors Mönchsausbildung sah er die „lectio divina" als zentralen Teil seines Bibelstudiums. Diese besagt, dass durch gründliches und aufmerksames Lesen der Bibel, die wahre Aussage der Autoren erkennbar wird - die Aussagen, welche sich hinter den geschriebenen Worten verbirgt.

> Gregors Interpretation biblischer Texte ist von der Überzeugung getragen, dass deren ganzer Reichtum erst erschlossen ist, wenn das Verständnis über den unmittelbaren buchstäblichen Wortsinn hinaus die darin verborgene Bedeutung, das Mysterium, erfasst.[41]

---

[38] Iconologia Sacra; Mythos, Bildkunst und Dichtung in der Religions- und Sozialgeschichte Alteuropas, de Gruyter, Berlin, 1994 S. 302
[39] Meyer, Christoph H.F.: Die Distinktionstechnik in der Kanonistik des 12. Jahrhunderts, 2000, Leuven University Press
[40] Hilkert Weddige: Einführung in germanistische Mediävistik – 6. Auflage, C.H. Beck Verlag, München, 2006
[41] „Gregor der Große, Homiliae in evangelia, Evangelienhomilien" Erster Teilband, Herder 1997

Seine Verbundenheit zur heiligen Schrift und somit auch der Gedanke an den tiefer liegenden Sinn der Bibel entwickelte sich in den Jahren seines Kloster-aufenthaltes, da das Schriftstudium „eine zentrale Tätigkeit der Andreasmönche war"[42]

5.2 Die „Regula pastoralis"

Gregor verfasste während seiner Pontifikatszeit eine sehr bedeutende Lehr-schrift für Bischöfe und Seelsorgebeauftragte – Die *Regula pastoralis*. „Um das Jahr 591 hat Gregor seine Regula pastoralis, die er Bischof Johannes von Ravenna widmete, sozusagen der Öffentlichkeit übergeben."[43] „Gregors Pasto-ralregel kennt zwei Arten von Adressaten: Die direkten und die indirekten."[44] Zum Einen sind damit die „pastoris", also Pfarrer und Bischöfe als direkte Ad-ressaten und somit Hirten ihrer Gemeinden, zum Anderen seien die indirekten Adressaten, die Gemeinde selbst - als Volk welches geführt, geleitet und gehört werden muss gemeint.

An diesen Fakten erkennt man relativ schnell die enge Verknüpfung *der Regula pastoralis* mit dem Missionsauftrag Gregors. Ein Werk, wie ein *Hirte* handeln soll, welches indirekt auf die Gemeinde, ja auf die zu missionierenden Perso-nen selbst ausgerichtet ist. Wahrscheinlich ist es einer Verknüpfung der Mission und der *Regula pastoralis* geschuldet, dass

> in den folgenden Jahrhunderten (...) dieses Werk in Spanien, Frankreich, England, in den unterschiedlichen Regionen des Imperiums, ja sogar im byzantischen Kulturkreis, einen beispiellosen Siegeszug angetreten ist, und so im Laufe der Zeit zum Lehrbuch der mittelal-terlichen Pastoraltheologie avancierte.[45]

Die Schrift direkt war jedoch eigentlich mehr für kirchlich bedienstete in höheren Ämtern gedacht, um ihnen ein Leitfaden für das Leben als Hirte zu sein.

„Wie der beschaffen sein muß, der das Hirtenamt (regimen) anstrebt: Dieser muß sich in allem zum Vorbild hinentwickeln, dem man nachleben kann (...){sic!}"[46]. Die Vorbildfunktion Gregors Missionare und Kirchenoberhäupter steht also auch im Vordergrund seiner Pastoraregel.

---

[42] Müller, Barbara: Führung im Denken und Handeln Gregors des Großen, Mohr Siebeck, Tübingen, 2009 S. 49
[43] Hastetter, Michaela; Steinmetz, Karl-Heinz, 1400 Jahre Gregor der Große – Rezeption, Seelsorge, Ökumene, Koinonia –Oriens e.V. Köln, 2007 S. 59
[44] Müller, Barbara: Führung im Denken und Handeln Gregors des Großen, Mohr Siebeck, Tübingen, 2009 S. 123
[45] Hastetter, Michaela; Steinmetz, Karl-Heinz, 1400 Jahre Gregor der Große – Rezeption, Seelsorge, Ökumene, Koinonia –Oriens e.V. Köln, 2007 S. 59
[46] Gregor der Grosse, in: Ritter, Adolf Martin, Lohse, Martin, Leppin, Volker S. 24

„Die Kunst der Künste ist die Leitung der Seelen."[47] Gregor der Große befasst sich also offensichtlich mit der Lebensführung eines Kirchenvorstehers. Ein Vorsteher soll beispielsweise im Geiste stark sein und nicht Gut des Nächsten begehren; Seine Mitmenschen und deren Wohlergehen, stehen vor seiner eigenen Person und seinem Befinden. Ein jeder Bischof sollte seiner Gemeinde in der Ausübung seiner christlichen Tugenden als Beispiel und Hirte vorangehen.

Zusammenfassend ist die Regula pastoralis als Leitfaden und Regelwerk des christlichen Lebens und als Lehrbuch für Mission und Hirtenamt zu sehen.

Doch nicht allein die kirchlichen Amtsträger sind zur Verkündung verpflichtet, vielmehr sind alle Gläubigen in der Kirche, je nach ihren Möglichkeiten, zur Glaubensweitergabe durch das Wort berufen.[48]

6. Fazit / Schlussbemerkung

Wie bereits zu Beginn meiner Arbeit angedeutet, war Gregor der Große durch sein Handeln, Leben und durch die Auslegung kirchlicher Tugenden zu seiner Zeit eine sehr bedeutende Persönlichkeit. Als Nachkomme römischen Beamtengeschlechts wurde er nach seiner Tätigkeit als Stadtpräfekt erst Mönch und einige Jahre später sogar Papst. Durch seine zentrale Rolle in der Missionierung der heidnischen, zumeist germanischen Völker wurde sein Ansehen in Kirche und Staat immer bedeutender.

Für eine durch Krisen wackelnde Kirche brachte er zahlreiche Gläubige wieder zurück auf den „rechten Weg" und gewann durch die Missionierung der Langobarden und Angelsachsen eine immense Zahl an neuen Christen.

Für den Staat regelte er politische Konflikte mit den Langobarden und den Franken und wurde auch politisch eine Schlüsselfigur der frühmittelalterlichen Zeitepoche.

Er selbst gab sich im Verlauf seines Pontifikats den Namen „Servus servorum Dei"[49], was soviel bedeutet wie: *Knecht der Knechte Gottes.* Als oberster Hirte Gottes wachte Gregor über seine Herde und stellte extra für das Seelsorgeamt geltende Regeln auf. Seine Regula pastoralis ist bis heute ein wichtiges Werk wenn es um die Aufgaben und den Vorbildcharakter kirchlicher Angestellter und Seelsorger geht.

---

[47] Müller, Barbara: Führung im Denken und Handeln Gregors des Großen, Mohr Siebeck, Tübingen, 2009 S. 131

[48] „Gregor der Große, Homiliae in evangelia, Evangelienhomilien" Erster Teilband, Herder 1997

[49] Goez, Elke: Papsttum und Kaisertum im Mittelalter; Wissenschaftliche Buchgesellschaft, Darmstadt 2009 S. 14 →Bezug: 2 Petr 1,1 und Röm 1,1

Für mich persönlich ist Gregor der Große einer der wichtigsten Kirchenführer der „alten Kirche" gewesen, weil er die Kirche und sein Land aus einer tiefen Krise befreite und weil er für die Nachwelt bedeutende Werke sowie Moralvorstellungen öffentlich gemacht hat.

7. Literaturverzeichnis/Quellen

- Artemis & Winkler: Geißeln der Menschheit. Kulturgeschichte der Seuchen, Düsseldorf/Zürich 1997

- Goez, Elke: Papsttum und Kaisertum im Mittelalter; Wissenschaftliche Buchgesellschaft, Darmstadt 2009

- Hastetter, Michaela; Steinmetz, Karl-Heinz, 1400 Jahre Gregor der Große – Rezeption, Seelsorge, Ökumene, Koinonia –Oriens e.V. Köln, 2007

- Herwig, Wolfram: Die Goten – Von den Anfängen bis zur Mitte des sechsten Jahrhunderts, C.H. Beck Verlag, München, 2001

- Hilkert Weddige: Einführung in germanistische Mediävistik – 6. Auflage, C.H. Beck Verlag, München, 2006

- Brox, Norbert, Döpp, Siegmar, Geerlings, Wilhelm, Greshake, Gisbert, Ilgner, Rainer, Schieffler, Rudolf (Übersetzt und eingeleitet von Michael Fiedrowicz): Gregor der Große, Homiliae in Evangelia – Evangelienhomilien; Herder, Freiburg, Basel, Wien, Barcelona, Rom, New York, 1997

- Iconologia Sacra; Mythos, Bildkunst und Dichtung in der Religions- und Sozialgeschichte Alteuropas, de Gruyter, Berlin, 1994

- Kampers, Gerd: Geschichte der Westgoten; Schöningh, Paderborn 2008

- Meyer, Christoph H.F.: Die Distinktionstechnik in der Kanonistik des 12. Jahrhunderts, 2000, Leuven University Press

- Müller, Barbara: Führung im Denken und Handeln Gregors des Großen, Mohr Siebeck, Tübingen, 2009

- Ostrowski, Matti: Die Völkerwanderung – Überblick und Folgen – (Studienarbeit); Grin Verlag 2009

- Rosen, Klaus: Die Völkerwanderung: C.H. Beck Verlag, München 2006

- Von Padberg, Lutz E.: Die Christianisierung Europas im Mittelalter. Reclam, Stuttgart 2009